AF313757

23 mai 1897.

V

SUCCESSION

DE

Mme la Marquise DU PLESSIS BELLIÈRE

Née DE PASTORET

TABLEAUX

Objets d'Art et de Curiosité

ORGUE DE CAVAILLÉ COLL

IMPORTANT MOBILIER

VENTE

A MOREUIL (Somme)

AU CHATEAU DE MOREUIL

Les Dimanche 23, Lundi 24, Mardi 25 Mai

et les Dimanche 30, Lundi 31 et Mardi 1er Juin 1897

A UNE HEURE

EXPOSITION PUBLIQUE

Les Samedi 22 et 27 Mai 1897

DE UNE HEURE A CINQ HEURES

Par le ministère de **Me MANIER,** Notaire à Moreuil

AVEC LE CONCOURS DE

Me G. DUCHESNE, Commissaire-Priseur, à Paris, rue de Hanovre, 6

DÉPART DE PARIS :

8 heures 30 du matin, par Saint-Just et Montdidier

IMPRIMERIE MAULDE et RENOU

MAULDE, DOUMENC & Cie

IMPRIMEURS DE LA COMPAGNIE DES COMMISSAIRES-PRISEURS

Rue de Rivoli, 144. — Paris

CATALOGUE

DES

COLLECTIONS

DE

TABLEAUX ANCIENS

Des Écoles Italienne, Espagnole, Allemande, Flamande
Hollandaise et Française

AQUARELLES. DESSINS, MINIATURES

OBJETS D'ART ET DE CURIOSITÉ

Sculptures en marbre et terre cuite, Bronzes d'art
Faïences, Porcelaines, Verres de Bohème, Lustres en verre de Venise
et en porcelaine de Saxe, Objets de vitrine, Bijoux
Médailles, Jetons
Costumes sacerdotaux, Objets religieux, etc.

GRAND ORGUE D'ÉGLISE DE CAVAILLÉ COLL

ET DU

MOBILIER IMPORTANT

Ameublements de Salons, Salle à manger, Bibliothèque
Chambres à coucher
Meubles d'époques et de styles Renaissance,
Louis XIII, Louis XIV, Louis XV, Louis XVI, Empire et Restauration
Rideaux en tapisserie d'Aubusson, velours, etc.
Tapis, Literie

BRONZES D'AMEUBLEMENT

Grands Lustres, Pendules, Chenets, Flambeaux

SERVICES DE TABLE EN PORCELAINE ET EN CRISTAL TAILLÉ

Fourrures, Cachemires de l'Inde

LIVRES

Environ 4,000 Volumes de Littérature, Histoire, Mémoires, Droit, Théologie, Beaux-Arts, etc.

DÉPENDANT DE LA SUCCESSION

De Mme la Marquise **DU PLESSIS BELLIÈRE**, née **DE PASTORET**

ET SE TROUVANT

AU CHATEAU DE MOREUIL

Sis à MOREUIL (Somme)

OÙ LA VENTE AURA LIEU

Les Dimanche 23, Lundi 24, Mardi 25 Mai
et les Dimanche 30, Lundi 31 Mai et Mardi 1er Juin 1897

A UNE HEURE

Par le ministère de **Me MANIER**, Notaire à Moreuil.

Avec le concours de **Me G. DUCHESNE**, Commissaire-Priseur, à Paris, 6, rue de Hanovre

CHEZ LESQUELS SE DISTRIBUE LE CATALOGUE

EXPOSITION PUBLIQUE

Les Samedi 22 et 29 Mai 1897, de 1 heure à 5 heures

CONDITIONS DE LA VENTE

Elle sera faite au comptant.

Les acquéreurs paieront, en sus des adjudications, les frais de vente, qui s'élèvent à **onze pour cent.**

Aucune réclamation ne sera admise une fois l'adjudication prononcée.

Les articles de ce catalogue pourront être divisés ou réunis.

ORDRE DES VACATIONS

Dimanche 23 Mai

TABLEAUX

Lundi 24 Mai

TABLEAUX, DESSINS, AQUARELLES

Mardi 25 Mai

LIVRES

Dimanche 30 Mai

L'ORGUE DE CAVAILLÉ-COLL, OBJETS D'ART ET DE CURIOSITÉ, BRONZES

RIDEAUX, TAPIS, MEUBLES ANCIENS

Lundi 31 Mai

CONTINUATION DES OBJETS D'ART ET DE CURIOSITÉ, BRONZES

MEUBLES ANCIENS & MODERNES

Mardi 1er Juin

CONTINUATION DES MÊMES OBJETS, RIDEAUX, TAPIS

MAULDE. DOUMENC et Cie, imprimeurs de la Compagnie des Commissaires-Priseurs,
rue de Rivoli, 144.   6oo—66366

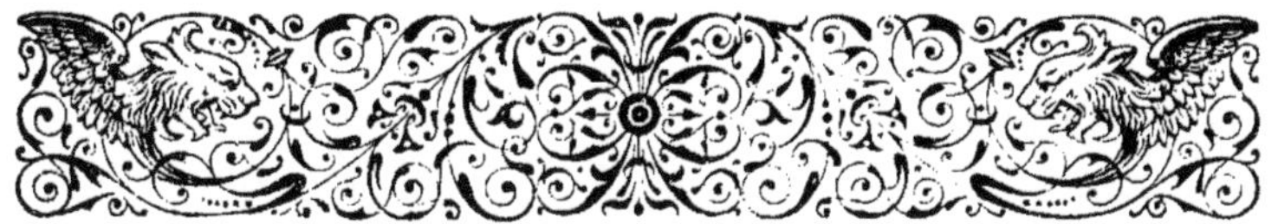

DÉSIGNATION

TABLEAUX

Nota. — *Les descriptions de la plupart des Tableaux ont été extraites du Catalogue raisonné que Mme la Marquise du Plessis Bellière avait fait faire de sa collection (un volume in-18, imprimé par Retaux, Abbeville, 1884. Les numéros placés à la fin de la désignation des Tableaux se rapportent à ce Catalogue.*

ÉCOLE ITALIENNE

1 — **ALLEGRI** (Antonio), dit Le Corrège. Le Christ au Jardin des Oliviers (1).

2 — Un Ange (2).

3 — **AMERIGHI** (Michel Angiolo), dit Le Caravage. La Cène (6).

4 — **APPIANI.** Claudius V (7).

5 — **BARBIERI** (Giovanni Francesco), dit Le Guerchin. Le Christ (8).

6 — Saint Jean-Baptiste (10).

7 — Scène de meurtre (11).

8 — **BAROCCI** (Federigo). Le Repos en Égypte (12).

9 — **BARTOLOMMEO** (Fra), dit Baccio della Porta. L'Annonciation. La Sainte Vierge (13).

10 — L'Annonciation. L'Ange Gabriel (14). Pendant du précédent.

11 — **BERRETTINI** (Pietro) Da Cortona. La Sainte Vierge allaitant l'Enfant Jésus (17).

12 — La Sainte Vierge contemplant l'Enfant Jésus (18).

13 — L'Enfant couché sur la croix (19).

14— **BORSATO** (Joseph). Intérieur d'église en Italie (21).

15 — **CALIARI** (Paolo), dit Paul Véronèse. Sainte Élisabeth de Hongrie, duchesse de Thuringe (26).

16 — **CARRACCI** (Ludovico). Le Christ sur la croix (29).

17 — Sainte Marie-Magdeleine (30).

18 — Saint Jean enfant (31).

19 — David venant de frapper Goliath (32).

20 — **DOLCI** (Agnèse). Sainte Madeleine (34).

21 — **DOSSI** (Dosso et Battista). Petite tête d'Homme (36).

22 — La Sainte Vierge, l'Enfant Jésus et saint Jean (35).

23 — **DUGHET** (Gaspre), dit Gaspard Poussin. Paysage (37).

24 — **FRANCESCO DI MARIA.** L'Assomption (38).

25 — **LAURI** (Filippo). L'Aurore et Actéon (40).

26 — **LUCIANO** (Sebastiano di), dit Sebastien del Piombo. Les onze Apôtres. Onze médaillons sur cuivre réunis dans un cadre (41).

27 — Nabuchodonosor (42). A été retouché par Ingres.

28 — **MARATTA** (Carlo). La Fuite en Égypte (44).

29 — **MONACELLI** (Domenico). Le bienheureux Urbain II (47).

30 — Réduction du Portrait ci-dessus (48).

31 — **ORCAGNA** (Andréa). La Nativité (90).

32 — **PALMA** (Jacopo), dit Le Vieux. Le Christ descendu de la croix (52).

33 — **PENNI** (Francesco), dit il Fattore. La Sainte Vierge, l'Enfant Jésus et deux Saints (55).

34 — **PINTURICCHIO** (Bernardino, dit Benedetto, dit il). La Sainte Vierge allaitant l'Enfant Jésus (56).

35 — **PROCACCINI** (Julio Cesare). Un jeune Homme (58).

36 — Une jeune Femme (59).

37 — **RÉNI** (Guido). Saint Jean-Baptiste (60).

38 — **RICCIARELLI** (Daniele), dit Daniel de Volterre. David et Goliath (62).

39 — **RICCIO** (Attribué à Félix). Ermite dans sa grotte (65).

40 — **ROBUSTI** (Jacopo), dit Le Tintoret. L'Assomption de la Vierge (66).

41 — **ROMANELLI** (Giovanni Francesco). Sainte Agathe, patronne de la ville de Florence (68).

42 à 48 — **ROSA** (Salvator). Paysages. Sept grandes toiles décoratives.

49 — **ROSSELLI** (Cosimo). La Sainte Vierge et l'Enfant Jésus (70).

50 — **SANZIO** (Raffaello). Le Christ (73).

51 — **SANZIO** (D'après). L'Enfant Jésus (74).

52 — Portrait du Pape Jules II (75).

53 — **SCHIDONE** (Bartolomeo). Le Mariage de sainte Catherine (76).

54 — **SIRANI** (Élisabeth). L'Ange Gabriel (77).

55 — **SOLIMENA** (Francesco). Le Christ ressuscité (78).

56 — Le Christ guérissant les malades (79).

57 — Sainte Cécile (80).

58 — Pomone (81).

59 — **UDINE** (Giovanni da). Deux Femmes. Deux panneaux réunis dans un cadre (83).

60 — **VANNUCCHI** (Andréa), dit André del Sarte. Saint François d'Assise (86).

61 — **VANNUCCI** (Pietro), dit Le Pérugin. La Vierge à l'oiseau (87). Cadre en bois sculpté du temps de Louis XIII.

62 — La Nativité (88).

63 — Saint Jacques-le-Mineur (89).

64 — **VANNUCCI** (École de). Un religieux (90). Saint Jean l'Évangéliste (91).

65 — **VASARI** (Giorgio). La Sainte Famille (93).

66 — **VITELLI** (Gaspare Van). Vue de Naples (92).

67 — **ZAMPIERI** (Domenico), dit Le Dominiquin. Scène du Déluge (100).

68 — **ÉCOLE PRIMITIVE.** Saint religieux. Peinture sur fond d'or. Bois.

69 — **ÉCOLE PRIMITIVE**. La Vierge allaitant l'Enfant Jésus. Bois.

70 — La Vierge allaitant l'Enfant Jésus, à côté un Saint. Bois.

71 — La Vierge tenant l'Enfant Jésus. Fond d'or.

72 — Deux Figures de Saints. Bois.

73 — **ÉCOLE ITALIENNE.** L'Enfant Jésus adoré par saint François (105).

74 — Une Sainte (107).

75 — L'Annonciation. Cuivre.

76 — L'Annonciation. Bois.

77 — Fleurs dans un vase.

78 — Le Père Éternel. Bois.

79 — Le Christ entre deux Anges (109).

80 — La Sainte Famille (106).

81 — La Vierge et l'Enfant Jésus. Cuivre.

82 — Saint François d'Assise (108).

83 — Le Christ sur la croix adoré par les saintes Femmes.

84 — Sainte martyre tenant une palme.

85 — Saint Évêque (110).

86 — La Vierge et l'Enfant Jésus adorés par un religieux.

87 — L'Éducation de l'Enfant Jésus. Cuivre.

88 — L'Adoration des Mages.

89 — Sujet Saint. Bois.

90 — Saint Joseph (111).

91 — Saint Louis, roi de France (112).

92 — Saint François d'Assise (113).

93 — Saint Antoine de Padoue (114).

94 — Tête de Vierge, les mains jointes.

95 — Portrait du Pape Benoît XIV (115).

96 — Portrait du Pape Pie IX.

97 — Portrait de Masaniello (122).

98 — Sainte Marie-Magdeleine (118).

99 — **ÉCOLE ITALIENNE.** Saint Louis de Gonzague.

100 — Une Sainte religieuse au milieu d'une couronne de fleurs. Au-dessus de sa tête une couronne d'épines.

101 — Sainte en adoration devant la Vierge et l'Enfant Jésus. Cuivre.

102 — **ÉCOLE VÉNITIENNE.** Une Joûte sur le grand Canal, à Venise.

ÉCOLE ESPAGNOLE

103 — **CANO** (ALONSO). Le Mariage mystique de sainte Catherine de Sienne (123).

104 — **FERNANDEZ NAVARETTE** (JEAN). La sainte Vierge, l'Enfant Jésus et saint Jean (132).

105 — **HERRERA** (FRANCISCO DE), le Vieux. La Nativité (124).

106 — Saint Jean l'Évangéliste (125).

107 — Saint Jacques-le-Mineur (126).

108 — **MURILLO** (BARTOLOMMÉ) Esteban. Le Christ 131.

106 — **RIBERA** (le chevalier JOSEPH, dit l'ESPAGNOLET). L'Aumône. Très beau et important tableau, d'une exécution vigoureuse.

110 — **ROELAS** (PAUL DE LAS). Sainte Marguerite (135).

111 — **VELASQUEZ.** Portrait d'un Religieux (137).

112 — L'Ange réveillant Jacob (140).

113 — **ÉCOLE ESPAGNOLE.** Une Sainte martyre (145).

114 — La Sainte Vierge (144).

115 — Grand Portrait en pied du duc d'Olivarès (présumé).

116 — Grand Portrait en pied d'un prélat.

ÉCOLES ALLEMANDE, FLAMANDE ET HOLLANDAISE

117 — **BUCKNER.** La Sainte Vierge et l'Enfant Jésus (149).

118 — **CALVAERT** (DENIS). Le Christ en croix (27).

119 — **CHAMPAIGNE.** L'Enfant Jésus conduit par la Vierge et saint Joseph. Dans le ciel, le Père Éternel et le Saint-Esprit (151).

120 — Portrait d'Homme (153).

121 — Portrait d'Homme (158).

122 — Portrait de Femme âgée (160).

123 — **CUYP** (Albert). Portrait de deux petites Filles (162).

124 — **DEPRATÈRE** (Henry). Paysage avec figures de Voyageurs au repos (327).

125 — Paysage avec Berger et Troupeau (328).

126 — **DYCK** (Antoine Van). Le Christ au tombeau (164).

127 — **GLAUBER** (Johannes). Paysage (167).

128 — **HEUSCH** (Jacob de). Paysage historique (171).

129 — **HONTHORST** (Gérard). Portrait de Béatrice Cenci (172).

130 — **KNIEP** (Cristophe-Henri). Paysage et Bestiaux (177).

131 — **LAIRESSE** (Gérard de). Le Christ (178).

132 — La Sainte Vierge (179). Pendant du précédent.

133 — **MABUSE** (Jean Van), dit Gossaert. La Sainte Famille (181).

134 — **MIÉREVELD** (Attribué à). Portrait d'Homme (184).

135 — **MOLYN** (Pieter), dit Tempeste. Paysage (185).

136 — **PORBUS LE JEUNE** (Franz). Portrait d'Homme (191).

137 — Portrait d'Homme (189).

138 — **RINGE** (Christophe-Godefroy). Un Ange lisant.

139 — **SPIERINGS** (Henry). Paysage avec ruines (196).

140 — **ÉCOLE ALLEMANDE.** Le Christ au Jardin des Oliviers (20). Composition importante.

141 — **ÉCOLE FLAMANDE.** L'Adoration des Mages (200).

142 — Le Christ sur la Croix est secouru par les saintes femmes (cuivre).

143 — Sainte tenant un ostensoir et un livre (cuivre).

144 — Sainte Thérèse en invocation.

145 — **ÉCOLE FLAMANDE.** Portrait de Femme.

146 — Sainte Thérèse (cuivre).

147 — Adoration des Bergers (cuivre).

148 — Sujet religieux. Saint personnage au bas d'un palais dans lequel des hommes jouent (cuivre).

149 — La Madeleine au pied de la Croix (cuivre).

150 — **ÉCOLE HOLLANDAISE.** Le Peintre (205).

151 — Le Mendiant (206).

152 — Une Femme hollandaise (204).

ÉCOLE FRANÇAISE

153 — **ADAM** (Jean-Victor-Vincent). Épisode de la guerre d'Espagne (207).

154 — **BERTIN** (Jean-Victor). Paysage (208).

155 — **BRUANDET.** Paysage (214).

156 — **BRUN** (D'après Mme E.-L. Vigée Le). Portrait de Jean Paisiello, compositeur de musique.

157 — **CACHEUX** (J.-P.). Une Crypte (217).

158 — **COIGNET** (Jules-Louis-Philippe). Paysage (219).

159 — **COURT** (Joseph-Désiré). L'Enfant abandonné (221).

160 — **CRÉPIN** (Louis-Philippe). Paysage (222).

161 — **DUBOCQ** (Henri-Maurice). Portrait d'Antoine, duc de Créqui (233).

162 — Portrait d'Anne de Bretagne (234).

163 — Portrait du cardinal Chigi (235).

164 — **DUVIDEL** (Mlle). Portrait de Louise Alexandre de Neufermeil, marquise de Pastoret (237).

165 — **FLANDRIN** (Hippolyte) (D'après). Sujets tirés de la vie de sainte Geneviève. 1re partie supérieure : saint Germain consacre sainte Geneviève à Dieu ; 2e partie inférieure : sainte Geneviève rendant la vue à sa mère.

166 — Même suite. 1re partie supérieure : sainte Geneviève repoussant par ses prières l'invasion d'Attila; 2e partie inférieure : sainte Geneviève nourrissant le peuple de Paris.

167 — **FRAGONARD** (ALEXANDRE-ÉVARISTE). L'Accouchée (241).

168 — François Ier visitant l'atelier de Benvenuto Cellini (242).

169 — **GELLÉE** (CLAUDE) dit le LORRAIN. Paysage (243).

170 — **GENOD** (MICHEL-PHILIBERT). L'Orphelin suisse (244).

171 — **GÉRARD** (FRANÇOIS, baron). Portrait en pied du roi Charles X (245). (Don du comte de Chambord.)

172 — **GÉRARD** (baron) D'après. Portrait de la duchesse d'Angoulême.

173 — **GOMIEN** (CHARLES). Portrait de Mgr Vérolles, vicaire apostolique de la Mandchourie (248).

174 — Portrait de la châtelaine de Moreuil en 1866 (251).

175 — Portrait d'Amédée David, marquis de Pastoret (249).

176 — Portrait de Louise-Alexandre de Neufermeil, marquise de Pastoret (250).

177 — **JOHANNOT** (ALFRED). Un Hussard à cheval (262).

178 — **JULIEN** (SIMON). Saint Jean enfant (264).

179 — **LANGEVIN.** Paysage (265).

180 — **LARGILLIÈRE.** Portrait d'un jeune Homme (266).

181 — **LARIVIÈRE** (PHILIPPE-CHARLES DE). Scène de naufrage (268).

182 — **LECLERC** (DAVID). Portrait de Colbert (271).

183 — **LEFORT** (LOUIS-ARISTIDE). Intérieur d'une Église (272).

184 — **MARNE** (JEAN-LOUIS DE). Paysage (273).

185 — **MICHALLON** (ACHILLE-ETNA). Paysage (274).

186 — **MIGNARD** (PIERRE). Portrait de Louis XIV enfant (275).

187 — **NAUDET** (THOMAS-CHARLES). Paysage (276).

188 — **NOEL** (ACHILLE-JULES). Marine (277).

189 — **PARROCEL** (PIERRE). Les saints Apôtres Pierre et Paul (280).

AQUARELLES, SÉPIAS, MINIATURES

215 — **AUBRY** (1837). Portrait d'homme et de Dame dans un Salon. Aquarelle.

216 — **CHATINIÈRE** (M.). Reproduction d'un ancien Manuscrit posé sur un bouquet de fleurs. Aquarelle (12).

217 — **DESENNE** (Al.-J.). Portrait de Jehan de Pastoret, Président au Parlement de Paris, membre du Conseil de Régence, sous Charles V.

218 — **FRAGONARD** (Alexandre). Scène historique. Sépia (32).

219 — **GARNERAY** (Ambroise-Louis). Bateaux échoués sur la plage. Sépia (33).

220 — **JORET** (Henry). Vue du château de Chambord. Aquarelle (47).

221 — **LEHMANN** (Charles-Ernest-Rodolphe-Henri). Projet d'hémicycle pour la salle du Trône au Palais du Sénat. Sépia (49).

222 — **LOISEL**. Ferme appelée le Brin-d'Amour, dans le Loiret. Sépia (51).

223 — **NANNONI** (Mme). La Sainte Vierge et l'Enfant Jésus. Aquarelle (53).

224 — **PASTORET** (Louise-Alexandre de Neufermeil, marquise de). Six Bouquets de fleurs. Aquarelles (réunies sur un paravent à trois feuilles en bois doré). (63 à 68).

225 — Bouquet de roses. Aquarelle.

226 — Roses sauvages. Aquarelle.

227 — Branche de roses. (Aquarelle sur un buvard).

228 — **PERNOT**. Marine. Fixé (posé sur un buvard).

229 — **ÉCOLE FRANÇAISE**. Paysage avec château-fort en ruines. Sépia.

230 — Plan du château de Moreuil en 1785. Aquarelle. Cadre du temps.

231 — **ÉCOLE FRANÇAISE.** Portrait d'Hervé de Rougé, page du Dauphin (1827). Cadre en bronze.

232 — Trois Peintures à l'aquarelle : La Vierge, saint Amédée et saint Louis (réunies sur un chevalet en cuir .

233 — Paysage avec figures. Sépia.

234 — Portrait du duc de Berry. Miniature.

235 — Portrait de la duchesse de Berry. Miniature.

236 — Caroline de Lostanges enfant. Miniature.

237 — Bonabes, sire de Rougé, à la demande du roi d'Angleterre, se constitue otage pour la personne du roi de France Jean le Bon. Aquarelle.

238 — La Vierge, sur les nuages, tenant l'Enfant Jésus. Peinture sur porcelaine. Cadre en bois sculpté à volets.

239 — Portrait de Napoléon III. Peinture sur porcelaine.

DESSINS, PASTELS, ESTAMPES

240 — **NANNONI Mme.** Un Amour endormi. Dessin aux trois crayons 11 .

241 — **PASTORET** Louise-Alexandre de Neufermeil, marquise de). Paysage, effet de neige. Dessin 18 .

242 — Une partie de boules aux Champs-Élysées, vers 1789. Dessin au crayon et à l'estampe 16 .

243 — **ÉCOLE FRANÇAISE.** Sainte Geneviève. Pastel.

244 — Belgrave-Square. Dessin rehaussé de blanc.

245 — Paysage montagneux. Dessin à la mine de plomb.

246 — Quatre Gravures encadrées. Vues de Rome.

247 — Lithographie. Portrait du comte de Chambord (avec dédicace).

248 — Sous ce numéro seront vendus les tableaux, aquarelles et dessins omis au catalogue.

ORGUE D'ÉGLISE

249 — Magnifique Orgue d'église, à dix jeux, dans sa boiserie en chêne sculpté, de style ogival, fourni par CAVAILLÉ COLL.

MOBILIER ET OBJETS D'ART

ANTICHAMBRE

250 — Table rectangulaire à pieds tournés et cannelés.

251 — Fauteuil en chêne.

252 — Dix Chaises en chêne sculpté, type gothique.

253 — Paravent à sept feuilles en cretonne à fleurs.

254 — Deux Colonnes cannelées en simili-porphyre.

255 — Quatre Panneaux décoratifs en toile peinte : figures d'hommes d'armes et fauconnier.

256 — Paire de Portières en toile peinte.

257 — Encrier en bois sculpté, style Renaissance.

258 — Boîte à lettres en bois noir et Plateau à lettres en plaqué.

SALLE A MANGER

259 — Très beau Lampadaire à 32 lumières, style Renaissance flamande, en cuivre poli, décor à fleurs de lis ; au sommet, saint Michel terrrssant le dragon ; au bas, un serpent enroulé.

260 — Deux Girandoles à 9 lumières, en cuivre poli, décor à fleurs de lis.

261 — Grande et Belle Table à allonges en chêne sculpté, piétement décoré de quatre lions bondissant.

262 — Deux Servantes rondes à quatre tablettes en noyer, montants cannelés, style Louis XVI.

263 — Douze Chaises en palissandre couvertes en moquette avec poignées en bronze.

264 — Grande et belle Vitrine en chêne à huit vantaux, montants cannelés.

265 — Belle Vitrine à deux vantaux, de même style.

266 — Quatre paires de Rideaux de croisée et un Tapis de table en moquette fond rouge à rinceaux.

OFFICE

267 — Environ cent cinquante Assiettes de table et à potage en porcelaine, bords à contours et à filets dorés, partie avec couronne.

268 — Service de table et de dessert en porcelaine, décor à feuille de chou vert et or, avec couronne.

269 — Service de table en cristal taillé.

270 — Lot de Verres en cristal taillé à pointes de diamant.

271 — Plaqué : Cinq Plats ovales, trois Plats ronds, douze Cloches et quatorze Réchauds ronds, deux Cloches et deux Réchauds ovales, un Plat à turbot, une Ménagère (ce numéro sera divisé).

SALON ROUGE

272 — Beau Lustre à 42 lumières en bronze rocaille, garni de cristaux.

273 — Belle paire de Chenets Louis XIII, en cuivre poli et gravé, avec accessoires.

274-275 — Deux Bibliothèques en bois noir à deux vantaux en partie vitrés.

276 — Canapé et Fauteuils en velours rouge et vert.

277 — Fumeuse garnie en tapisserie à la main.

278 — Quatre Cantonnières en tapisserie d'Aubusson à fleurs sur fond blanc, contre-fond rouge.

GRAND SALON

279 — Magnifique Lustre à 36 lumières, en verre de Venise.

280 — Lustre à 12 lumières en verre de Venise incolore et de couleurs.

281 — Lustre analogue, à 11 lumières.

282 — Paire de grands et beaux Chenets Louis XIV, en cuivre poli, décor à chevaux marins, mascarons et fleurs de lis.

283 — Grand Buste en bronze de Pie IX, par Emile THOMAS.

284 — Grand Buste de Louis XVIII en marbre blanc.

285 — Buste de Henri IV en plâtre.

286 — Quatre Colonnes torses, ornées de feuilles de lierre dorées.

287 — Buste de Léon XIII, en plâtre.

288 — Statue en plâtre de Henri IV enfant, d'après LE BARON BOSIO avec socle en bois doré et velours rouge, orné de la lettre H, en bronze.

289 — Deux Statuettes de Nègres en bois sculpté, peint et doré, sur socles de style oriental.

290 — Paravent en acajou à quatre feuilles, garnies en tapisserie au point, à fleurs sur fond blanc, entourage fond rouge.

291-293 — Trois grands Canapés en damas de soie rouge capitonnés.

294 — Beau Meuble de Salon en bois doré, style Louis XIV, recouvert en damas de soie rouge, composé de deux canapés, quatre fauteuils et quatre chaises.

295 — Trois paires de Portières en tapisserie d'Aubusson à fleurs.

296 — Cinq très belles Cantonnières en tapisserie d'Aubusson, à fleurs sur fond blanc et contre-fond rouge.

297 — Grand Tapis d'Aubusson à fleurs et ornements.

SALON JAUNE

298 — Lustre à 12 lumières en verre de Venise incolore et de couleurs.

299 — Deux Chenets Louis XIV en cuivre, modèle à chevaux marins et tête de lion.

3oo — Très belle Cheminée avec Cadre de glace en chêne sculpté et rehaussé de dorure. Style de la Renaissance (avec mouvement de pendule).

3o1 — Coffret en bronze doré. Époque de la Restauration.

3o2 — Deux Vases en cuivre doré, décor de style arabe.

3o3 — Paire de Candélabres, à 7 lumières, en bronze doré, style oriental.

3o4-3o5 — Deux paires de Candélabres, à 7 lumières, en bronze poli.

3o6 — Guéridon en bronze, façon bambou, dessus en cristal gravé.

3o7 — Beau Meuble à hauteur d'appui, à deux vantaux, en marqueterie de Boule sur fond d'écaille, décor dans le goût de Berain (aux armes des familles de Rougé et de Pastoret), garni de bronze doré.

3o8 — Deux Fauteuils et deux Chaises en noyer sculpté rehaussé d'or, style Louis XIII, couverts en velours rouge avec bande de velours jaune frappé.

3o9 — Six Chaises en noyer sculpté, couvertes en velours rouge.

3io — Fauteuil en satin olive, broché à fleurs.

311-312 — Deux petites Chaises en noyer sculpté, frontons à armoiries, garnies l'une en velours bleu broché, l'autre en satin broché à fleurs.

313 — Portières en velours et en tapisserie.

314 — Deux paires de Rideaux de croisée en velours rouge et bandes de velours jaune frappé.

COULOIR PRÉCÉDANT LE SALON DE Mme LA MARQUISE

315 — Deux Jardinières de faïence décorée, sur pied en bois rehaussé d'or.

316 — Chaise en bois sculpté garnie de tapisserie au point et armoiries.

SALON DE Mme LA MARQUISE

317 — Pendule en marbre de Sienne, surmontée d'un buste de Socrate en bronze.

318 — Triptyque en velours orné de trois peintures sur émail. Jeune mère avec son enfant et têtes de jeunes filles.

319 — Très beau Lustre a 21 lumières, en porcelaine de Saxe, décoré de figures d'amours, oiseaux et fleurs en relief et de bouquets de fleurs en pendeloques.

320 — Médaillon en cire : le Comte de Chambord.

321 — Sièges divers en velours, tapisserie, moquette : chaise longue, chaises.

322 — Buvard en marqueterie de cuivre.

323 — Glace avec Cadre, orné de cuivre repoussé. Louis XIII.

324 — Deux Médaillons en bronze, par David d'Angers. Portrait du Chancelier de Pastoret et du Marquis Amédée de Pastoret.

325 — Deux Flacons avec Porte-flacon en bronze, style romantique.

CHAMBRE DE Mme LA MARQUISE DU PLESSIS BELLIÈRE

326 — Grand Bureau à tiroirs en acajou.

327 — Fauteuil de bureau en chêne, style Louis XIII, couvert en velours frappé.

328 — Petit Bureau de Poupée, forme dos d'âne, en marqueterie de bois, époque Louis XIII.

329 — Cartonnier en chêne, avec ornementation en cuir repoussé.

330 — Joli pupitre de voyage en palissandre incrusté d'ivoire et de cuivre, garniture intérieure en cuir doré aux fers.

331 — Coffret à flacons en cuir rouge, garni de quatre flacons et un verre.

332-336 — Fourrures : deux Palatines en zibeline, deux autres en hermine et un manchon en zibeline.

337 — Châle en carré en cachemire de l'Inde, fond vert.

338 — Châle long en cachemire de l'Inde fond vert.

339 — Châle long en cachemire de l'Inde fond blanc.

340 — Châle long en cachemire de l'Inde fond rouge.

VESTIBULE

341 — Armure de fer gravé.

342 — Deux Colonnes cannelées en plâtre peint.

343 — Deux Vases en terre cuite peinte à armories.

344 — Banquette en chêne sculpté.

SALON DE M. LE MARQUIS DU PLESSIS BELLIÈRE

345 — Beau Faisceau ou Trophée d'armes en miniature, composé de sabres, canons, épées, haches, étendards, tambours, casques, couronnes, etc. Fait par AMBROISE, officier supérieur.

346 — Meuble, hauteur d'appui, à deux vantaux, en bois noir, incrusté de filets de cuivre et orné de bronzes ; dessus de marbre blanc.

347 — Belle Pendule en bronze doré et argenté ; elle est de forme architecturale et ornée de figures de femmes, d'anges, de mascarons, de chimères, etc.

348 — Deux flambeaux assortis en bronze doré et argenté.

349 — Deux Coupes en bronze et marbre de Sienne.

350 — Ecran avec feuille en toile peinte : Chevalier en prière.

351 — Pupitre à musique en laque.

352 — Stéréoscope en acajou avec vues.

353 — Meuble à hauteur d'appui, à un vantail, en bois noir incrusté de cuivre, gravé et orné de bronzes.

354 — Modèle du bateau *Le Scipion* (Expédition d'Alger 1830).

355 — Coupe en porcelaine de Chine, décor à personnages, monture en bronze.

356 — Portière en tapisserie d'Aubusson, fond rouge à fleurs.

357 — Deux paires de Rideaux de croisée en reps rouge à bandes en couleurs.

CHAMBRE DE M. LE MARQUIS

358 — Pendule en marbre de Sienne avec cheval en bronze.

359 — Deux Lampes Colonnes en bronze en partie doré.

260 — Veilleuse forme tête de lion, en bronze en partie doré.

361 — Piano droit de Pleyel, en bois noir.

362 — Commode en acajou, ornée de bronzes Empire.

363 — Beau Christ en ivoire sculpté.

364 — Pupitre en bois noir à filets de cuivre.

365 — Deux Sphères terrestre et céleste.

366 — Vase à Couvercle, forme carpe, en faïence.

367 — Verre d'eau en cristal taillé avec plateau à glace, monté en bronze.

368 — Vitrine en bois noir à deux corps et quatre vantaux vitrés.

369 — Lit en chêne sculpté à colonnes torses.

370 — Quatre Chaises et un Fauteuil assortis au lit.

371 — Ecran Louis XV, avec feuille en tapisserie au point, à fleurs.

372 — Bureau à cylindre et à casier en noyer.

SALON DES CURIOSITÉS

373-374 — Deux Vitrines en bois noirci à six vantaux.

375 — Vitrine en bois noir, à deux corps, à quatre vantaux vitrés et quatre vantaux pleins.

376 — Vitrine de milieu, rectangulaire, en bois noir, sur sa table à pieds tors.

377 — Vitrine à hauteur d'appui en palissandre.

378 — Vitrine plate en chêne.

379 — Belle Lanterne à gaz, en bronze. Style Louis XV.

380 — Dix-sept Statuettes de peintres célèbres, en plâtre doré.

381 — Quatre reproductions de Vases grecs, à décor rouge.

382 — Trois Oiseaux naturalisés

383 — Bracelet et Broche en argent repercé et doré ornés de pierres de couleurs.

384 — Deux Bracelets en argent et Pierres de couleur.

385 — Paire de grandes Boucles d'oreilles, à pendeloques, en argent étranger.

386 — Grande Agrafe avec chaîne en filigrane d'argent.

387 — Paire d'Epingles en argent repoussé.

388 — Deux Boucles d'oreilles, en strass.

389 — Agrafe en filigrane d'argent.

390 — Grande Chaine en argent avec porte-mine, poinçon et ciseaux.

391 — Seize Epingles de coiffure en cuivre, émail et pierres de couleur.

392 — Parure en filigrane d'argent doré, composée de : une Agrafe, une Broche et cinq Epingles.

393 — Parure de nourrice romaine, composée de : un Collier, un Bouquet et une Barrette de coiffure.

394 — Broche en filigrane doré.

395 — Broche barrette et paire de Boucles d'oreilles, repercées et dorées.

396 — Neuf Colliers en corail, ambre, cristal, matières diverses.

397 — Parure en turquoises et perles, composée de : Broche, Bracelet et applique de Bracelet.

398 — Grande Agrafe en acier faceté.

399 — Paire de Boucles de souliers en strass.

400 — Deux petites Cuillers en argent, gravé et ciselé.

401 — Coupe lobée en émail peint, à fleurs et sujet pastoral.

402 — Bonbonnière en porcelaine de Saxe, décoré de sujets pastoraux.

403 — Petite Tasse et Sonnette en porcelaine d'Allemagne.

404 — Deux Aiguières, une Corbeille et un Vase en verre de Venise.

405 — Onze Bagues turquoises.

406 — Six pièces Camée, Intaille et Pierres dures.

407 — Quinze pièces, Bijoux divers, fixés, petites Peintures, Etui à ciseaux.

408 — Trois pièces en cuivre : Diadème argenté, grande paire de Boucles de souliers et Porte tasse.

409 — Trois Coiffures en broderie métallique et un Colletin orné de perles fausses.

410 — Deux Boîtes en albâtre et marbre dont une montée en bas or.

411 — Presse-papier mosaïque, vue du Vésuve.

412 — Bonbonnière en cristal, peint et doré.

413 — Tabatière en écaille, incrustée d'or.

414 — Deux Figurines de Chinois, en pierre de lard sculptée.

415 — Groupe en bronze chinois : Personnage monté sur un buffle.

416 — Dessus de tabatière, orné d'un médaillon en biscuit, portrait de Marie-Antoinette.

417 — Un Vase, deux Lacrymatoires et six Fragments en verre antique.

418 — Médaillon : Peinture, Portrait d'homme, dans un écrin en chagrin.

419 — Croix et Belière en or de couleur, ciselé, ornées de pierres de couleur.

420 — Quatre Bagues et sept paires de Boutons de manchettes en mosaïque.

421 — Cinq Croix et une Broche en corail.

422 — Un Bracelet en or, avec pierre de couleur.

423 — Croix en or émaillé.

424 — Pendant de cou, en malachite et mosaïque.

425 — Paire de Boucles d'oreilles en or et jaspe avec mouches d'or.

426 — Deux Bracelets en fausses perles, avec plaque en strass.

427-431 — Cinq Décorations en argent (Empire et Restauration).

432 — Onze Aquarelles chinoises, figures habillées de soie.

433 — Verre de Bohême, taillé et doré, à sujet.

434-437 — Quatre Verres d'eau, en verre de Bohême et autres taillés dorés et peints.

438 — Pot à Punch, forme tonneau, avec sa cuiller en verre de Bohême rubis, décor à pampres dorés.

439 — Trois Verres à pied, en Bohême gravé et doré.

440 — Grand Vase en verre gravé et peint à serpent bleu enroulé.

441 — Vase en verre de Bohême gravé.

442 — Deux Verres gobelets, en Bohême jaune gravé.

443 — Corbeille en cristal taillé, à pointe de diamant, monture en bronze doré.

444 — Deux Vases en verre de Venise, filigrané.

445 — Deux Verres de Bohême rouge gravés à vues de monuments.

446 — Flacon en verre de Venise, filigrané rouge et blanc.

447 — Bouteille en verre opale, monture en bronze.

448 — Un Sucrier, une Tasse et sa Soucoupe, un Pot à lait et une Salière en cristal taillé à pointes de diamant, monture en bronze doré, époque de la Restauration.

449 — Trois Gobelets et un Vase à couvercle en cristal taillé, à pointes de diamant.

450 — Deux Flacons en verre de Bohême, gravé à armoiries.

451 — Miroir avec cadre en verre de Venise.

452 — Miroir avec cadre en bronze doré à figures d'enfants.

453 — Gourde en verre de Bohême.

454 — Pot à lait forme casque, en cristal gravé.

455 — Grande Plaque ovale, en porcelaine, décor à fleurs en couleur.

456 — Quatre Figurines de paysans, en bois sculpté.

457 — Deux Bouts-de-Table à figure d'enfant, en porcelaine de Saxe.

458 — Vase forme tulipe, en porcelaine de Saxe, à fleurs en relief.

459 — Deux Coqs en porcelaine de Chine.

460 — Deux Porte-Bouquets à trois godets, avec groupe de personnages en faïence polychrome.

461 — Vache en faïence hollandaise.

462 — Deux Chiens caniches en faïence blanche.

463 — Flacon en coco sculpté.

464 — Plaque ovale en porcelaine décorée, Chien gardant du gibier.

465 — Coffret en bronze avec plaque en porcelaine décorée.

466 — Deux Statuettes, porcelaine de Saxe : Liseuse et Violonneux.

467 — Deux Arbalètes.

468 — Petit Écran en laque burgauté.

469 — Paire de Bottes marocaines, brodées.

470 — Trois paires de Pantoufles chinoises.

471 — Vase carré, en porcelaine de Chine émaillée marron.

472 — Lot de Poupées chinoises et d'Ecrans.

473 — Groupe de sept Figurines indiennes.

474 — Vase à couvercle, en porcelaine de Chine, décor à figures.

475 — Deux Caisses à six pans ajourés, en porcelaine de Chine.

476 — Deux Pytongs en porcelaine de Chine, décor ajouré, à figures.

477 — Jardinière en porcelaine de Chine, décor à dragon sur fond gris.

478 — Jardinière avec plateau en porcelaine de Chine, décor à fleurs sur fond bleu.

479 — Coupe forme fleur, en porcelaine du Japon avec insecte en relief.

480 — Lot de Végétations marines solidifiées.

481 — Lot de Minéraux.

482 — Grande Gourde calabraise en bois.

483 — Grand Plat en faïence, décor bleu à rosace genre Rouen.

484-487 — Vingt Assiettes en faïences diverses.

488 — Deux Assiettes en porcelaine de Chine.

489 — Quatre Tasses, quatre Soucoupes, un Sucrier avec Soucoupe, un Pot à thé avec Plateau en biscuit de Wedgwood, à décor blanc sur bleu.

490 — Un Bol avec Soucoupe analogue.

491 — Une Ceinture de Veneur avec son couvert.

492 — Un Couvert chinois, une Cuiller en corne gravée.

493 — Deux Couteaux ou Poignards orientaux, une Fourchette.

494 — Onze Bols, huit Coquetiers, dix Soucoupes, un Sucrier et un Pot à lait en laque rouge grenat.

495 — Une Collection de fruits en albâtre peint et autres matières.

496 — Bas-Relief en biscuit représentant une rose.

497 — Une Boîte ronde en laque de Pékin rouge à oiseaux.

498 — Deux Boîtes hexagonales en laque de Pékin noir et rouge décor à oiseaux et plantes.

499 — Bonbonnière forme coquille, en porcelaine laquée noir à décor or.

500 — Boîte en laque du Japon, le dessus représentant des morses en noir et or.

501 — Boîte en forme de nuage, en laque fond blanc, décor à personnages.

502 — Boîte en laque renfermant cinq petits bols en laque.

503 — Boîte en laque de Chine renfermant quatre petites boîtes contenant des fiches en nacre.

504 — Deux Porte-Allumettes en poterie à décor cloisonné fonds bleu turquoise et bleu lapis.

505 — Bonbonnière en porcelaine cloisonnée, décor à fleurs.

506 — Coupe forme poisson et Cuiller en porcelaine de Chine.

507 — Deux Cornets d'applique en grès de Chine, décor émaillé à insectes et fleurs.

508 — Encrier cylindrique à couvercle bombé, en bronze gravé, travail oriental.

509 — Groupe en grès de Chine, Divinité entourées de sept personnages.

510 — Boîte persane en laque, décor à fleurs.

511 — Salière à trois usages, en faïence, décor à paysages.

512 — Vase à goulot bombé, en porcelaine de Chine, décor à personnages.

513 — Deux Boîtes en bambou sculpté. Travail chinois.

514 — Boîte en marqueterie de cuivre et d'étain.

515 — Deux Écrans en marqueterie de nacre. Travail oriental.

516 — Une Coupe, neuf Tasses avec Soucoupes et un Sucrier avec
Plateau en terre de Boccaro, intérieur émaillé.

517 — Cinq Théières en terre de Boccaro, de formes variées.

518 — Coffret en forme de cassone en velours rouge garni de galons
dorés.

519 — Pot en grès flamand gris, décor à cœurs émaillés bruns.

520 — Deux Chiens en faïence blanche à rehauts d'or.

521 — Quinze Statuettes ou Groupes en terre cuite dorée.

522 — Sept autres Statuettes en terre cuite peinte, costumes et sujets
divers.

523 — Groupe en terre cuite : Femme pleurant sur une urne funéraire.

524 — Sept Groupes en terre cuite : Ours jouant.

525 — Deux Statuettes en terre cuite peinte : Magister et Marchande
de poissons.

526 — Trente-cinq Groupes en terre cuite peinte, représentant la
Danse des Morts, d'après les dessins d'HOLBEIN.

527-545 — Environ trente-huit Pièces en faïences de diverses fabri-
ques : Pichets, Vases, Salières, Gourdes, Flambeaux, Plaques,
Plats, Bénitiers et autres.

546-550 — Dix Statuettes en bois sculpté et peint, représentant des
figures d'Hommes et de Femmes. Travail italien.

551 — Plat en faïence de Rhodes, décor à fleurs.

552 — Grand Plat en faïence italienne, décor à armoiries.

553 — Grande Veilleuse en albâtre sculpté, représentant un monu-
ment à dôme.

554 — Grand Socle cylindrique en terre cuite, avec vestiges d'émail,
décor à mascarons et guirlandes.

555 — Vase cylindrique en faïence, décor à armoiries et fleurs.

556 — Assiette en faïence, décor à fleurs.

557 — Assiette en faïence de Moustiers, décor polychrome et paysage.

557 *bis* — Encrier en bronze ciselé représentant une ferme.

558 — Encrier en bronze, style Renaissance, décor à mascaron et dauphins.

559 — Encrier en marbre de Sienne avec chien en bronze.

560 — Encrier en bronze : Groupe d'oiseaux, signé CUMBERWORTH.

561 — Encrier en bronze : Modèle à sphinx.

562 — Encrier avec sonnette en bronze gravé. Style Louis XIV.

563 — Plumier, forme feuille, en bronze.

564 — Calendrier et Thermomètre en bronze et bronze doré. Époque de la Restauration.

565 — Deux petits Flambeaux en bronze et bronze doré. Même époque.

566 — Encrier avec calendrier et semainier, en bronze et bronze doré. Style gothique. Même époque.

567 — Porte-Allumettes en bronze. Style gothique. Même époque.

568 — Encrier forme tombeau, en bronze ciselé, le couvercle forme clochette. Époque de la Restauration.

569 — Coffret en acajou garni de cuivre.

570 — Statuette d'Henri IV en bronze.

570 *bis* — Statuette du Temps, en bronze.

571 — Presse-Papier, en bronze Empire.

572 — Autre en bronze doré, Empire.

573 — Mouchettes en bronze doré, sur Plateau en bronze, Époque de la Restauration.

575 — Lampe en bronze, style Antique, modèle à Chimère.

576 — Vase à deux anses, en bronze, décor et figures de femme.

577 — Couleuvre en bronze.

578 — Encrier forme Syrène, en bronze.

579 — Groupe en bronze : Le Char de Vénus.

580 — Coupe en bronze, anses à serpents.

581 — Statuette d'Amazone en bronze.

582 — Médaillon en bronze par GAYRARD : Henri IV et le comte de Chambord.

583 — Médaillon en bronze, le comte de Chambord.

584 — Flambeaux en bronze, modèle à la Mouche.

585 — Petit Poids de Marc ancien, en bronze.

586 — Rhyton en terre cuite, Tête de bélier.

587 — Divers Statuettes égyptiennes, en plâtre.

588 — Nombreuse Collection de coquillages.

589 — Deux Vases en porcelaine de Jacob Petit, décor fond vert avec médaillons de fleurs.

CABINET DE LA CHALCOGRAPHIE

590 — Une grande Bibliothèque en bois peint en noir, à quatre vantaux vitrés.

591 — Vitrine en bois noir, à deux vantaux vitrés, sur sa console.

592 — Bibliothèque à deux vantaux en bois norci.

593 — Table-Casier à gravures et plans, en bois noir, ouvrant à deux portes et huit cases.

594 — Meuble à cartes géographiques, en érable, garni de bronze, contenant six cartes.

595 — Beau Lustre en bronze, style de la Restauration, modèle à biches ailées et à mascarons d'homme et de femme.

SALON DES SCULPTURES

596 — Beau Lustre à trente-deux lumières, en cuivre poli, modèle à à tulipes et autres fleurs.

597 — Vase funéraire en albâtre, à tête de chien.

598-600 — Lot d'Antiquités, Inscriptions sur marbre, Terres-Cuites, Carreaux, Corne pétrifiée, etc.

601 — Deux Guéridons en velours, sur colonnes en noyer.

602 — Deux Panneaux décorés de moulures et quatre montants à Cariatides et figures d'homme, en noyer sculpté. Epoque Louis XIII.

603 — Broc en grès brun de Flandre.

604 — Vase style égyptien en grès.

605 — Grappe de Raisin en marbre.

606-607 — Six Médaillons en plâtre, portraits.

608-610 — Six Statuettes en plâtre : Jeanne d'Arc, Condé, Duquesne, etc.

611 — Buste d'enfant en terre cuite.

612-613 — Quatre Statuettes diverses, en terre cuite.

614 — Buste de Pie VII, en terre cuite.

615 — Statuette en marbre sculpté : Le Berger Guillot.

616 — Groupe en marbre : Biche surprise par un serpent.

617 — Tête d'homme eu terre cuite.

618 — Statuette d'amiral en terre cuite.

619-621 — Sept Bustes en plâtre : Jehan Pastoret, Comte de Chambord. etc

622 — Deux Socles ronds en albâtre sculpté à fleurs.

623 — Groupe équestre en bronze : Roi terrassant un ennemi.

624 — Chien en bronze.

625 — Coupe en albâtre, sculptée.

626 — Coupe en albâtre translucide.

627 — Deux Socles en bois peint, style Empire, sur bases en marbre.

628 — Un Fauteuil et trois Chaises Louis XIII en noyer tourné, couverts en velours rouge.

629 — Console en bois noir à deux tiroirs et à colonnes torses.

630-631 — Deux Consoles à colonnes torses, en bois noir, dessus en velours rouge.

632 — Table en noyer, à pieds tors, couverte en velours rouge.

SALLE DU TRÉSOR

633 — Fauteuil Louis XIV, en bois sculpté et doré, recouvert en velours de Gênes rouge.

634-635 — Deux grandes Armoires en chêne sculpté en partie doré. Style Louis XIV.

636 — Porte-Cierge pascal en bois sculpté, rehaussé d'or, avec cierge en cire décoré de peintures : médaillons à figures, fleurs, etc.

637 — Armoire en chêne sculpté, à deux portes vitrées, montants à figures d'homme d'armes et cariatide de femme. Époque Louis XIII.

638 — Armoire à chasuble, en chêne, avec panneaux sculptés.

639-640 — Deux Reliquaires, en forme de châsse, en bronze ciselé et émail. Style du XIIIᵉ siècle.

641-642 — Quatre Reliquaires, en forme de chapelle, à trois arceaux, en bronze doré. Même style.

643 — Costumes sacerdotaux : Dalmatiques, Chasubles, Étoles, Aubes, etc.

644 — Nombreux Objets religieux : Reliquaires, Chapelets, Médailles, etc.

645 — Coffret en bois orné de fines incrustations en ivoire et cuivre, décor à rinceaux.

646 — Dessus de bureau en cuir rouge décoré aux fers. (Provient du bureau de Sa Sainteté le Pape Pie IX.)

647 — Porte-Missel pliant en bois sculpté rehaussé d'or. Style Louis XIII.

648 — Petite Vitrine d'applique en bois décoré d'incrustations.

CHAMBRES DU PREMIER ÉTAGE

649 — Bahut en bois noir orné de filets de cuivre.

650 — Vitrine en bois noir rehaussé d'or.

651 — Un Canapé et deux Fauteuils en bois sculpté laqué blanc, du temps de Louis XVI, couverts en damas de laine rouge.

652 — Lit en bois sculpté laqué blanc. Époque Louis XVI.

653 — Table de milieu, de même travail et de la même époque.

654-655 — Commode et Secrétaire, en bois laqué blanc, de la même époque.

656-657 — Deux Bahuts, à un vantail, en bois noir, ornés de filets de cuivre et de bronzes.

658 — Bibliothèque à deux corps, en chêne, ouvrant à quatre vantaux vitrés.

659 — Quatre Portières en velours rouge.

660 — Deux paires de Rideaux de croisée et un Décor de lit en damas rouge.

661 — Coupe, forme baignoire, en bronze et bronze doré, sur socle en marbre.

662 — Grand Bureau à cylindre, en chêne.

663 — Très beau Lit, en chêne sculpté, à colonnes torses. Style Renaissance.

664 — Ciel de lit, en chêne sculpté, rehaussé d'or, garni de rideaux en velours jaune frappé et velours rouge.

665 — Deux Rideaux de croisée en mêmes étoffes.

666 — Lit de repos, en bois sculpté laqué blanc, du temps de Louis XVI, couvert en velours frappé olive.

667 — Pendule borne surmontée d'une Coupe en bronze et bronze doré. Époque de la Restauration.

668 — Commode Louis XIV, en bois sculpté, ornée de bronzes, avec dessus de marbre.

669 — Plusieurs Ameublements de chambre à coucher en bois laqué sculpté et laqué blanc du temps de Louis XVI et de la Révolution : Lits, Commodes, Secrétaires.

670 — Plusieurs Ameublements de chambre à coucher en acajou, de l'époque de la Restauration et des époques suivantes, composé de : Lits, Commodes, Secrétaires, Chiffonniers, Toilettes, Tables de nuit, Sièges divers.

671 — Fauteuil Louis XIV en bois sculpté.

672 — Plusieurs Fauteuils Louis XVI en bois sculpté et laqué.

673 — Très bonne et nombreuse Literie de maîtres : Matelas, Lits de plumes, Oreillers, Traversins, Couvertures de laine et de coton, Couvrepieds, etc.

674 — Belle Armoire à quatre vantaux en acajou moucheté.

675 — Dessus de lit en ancien satin crème brodé.

BIBLIOTHÈQUE

676-677 — Deux Lustres flamands en cuivre, l'un à 24 lumières, l'autre à 18 lumières.

678 — Lanterne, style Louis XV, en cuivre.

679 — Deux Fauteuils Louis XV couverts en velours rouge.

680 — Pupitre-Papeterie en bois noir à filets de cuivre.

681 — Grande Table couverte en velours rouge frappé.

682 — Médailler en chêne, avec ornements en cuir repoussé, comprenant trente tiroirs.

683 — Suite de Jetons en cuivre du temps de Louis XV.

684 — Suite de Médailles modernes : personnages célèbres.

685 — Suite de Moulages de Sceaux et Monnaies en plâtre.

686 — Suite de Médaillons et Bas-Reliefs en platre.

687 — Suite de Monnaies anciennes en cuivre.

688 — Echelle de Bibliothèque en chêne.

689-693 — Cinq Bibliothèques en bois noir, ouvrant à douze, huit et quatre vantaux vitrés.

694-697 — Quatre autres ouvrant à huit, quatre et deux vantaux grillagés.

CHAMBRES SERVANT DE GARDE-MEUBLE

698 — Deux Fauteuils et deux Chaises en bois sculpté rehaussé d'or, style Louis XIII.

699 — Deux Bergères Louis XVI en bois sculpté et laqué.

700 — Vitrine tournante sur pied en bois sculpté.

701 — Ecran en laque de Chine.

702 — Prie-Dieu en palissandre.

703 — Lit Louis XVI en bois laqué blanc.

704 — Deux Girandoles à 2 lumières, en bronze doré du temps de la Restauration.

705 — Table Louis XIII en chêne à pieds tors.

706 — Table sexagonale en bois de Courbaril.

707 — Beau lit en chêne sculpté, style ogival.

708 — Importante Boiserie de chapelle en chêne sculpté, style ogival.

709 — Deux Chaises en chêne sculpté, style ogival.

710 — Dix Rideaux de lit et de croisée en damas de soie rouge de divers dessins .

711 — Deux Rideaux de croisée en velours rouge et tapisserie au point.

712 — Tapis de table en tapisserie à fleurs de lis sur fond jaune.

713 — Rideau en tapisserie d'Aubusson à fleurs.

714 — Quatre Cantonnières en tapisserie de Neuilly à fleurs.

715 — Grande Portière en tissu métallique.

716 — Divers autres Rideaux en velours, moquette, brocatelle, reps, etc.

717 — Divers Tapis en moquette.

LIVRES

Vie de saint Bruno, gravée par Chauveau et Simonneau, d'après
Eustache Le Sueur. — Portraits lithographiés, par Delpech. —
Voyage de Lottin de Laval dans la péninsule arabique. — Frises
de Saint-Vincent-de-Paul, d'après Hippolyte Flandrin.—La Loire
historique, par Touchard Lafosse. — Albums de Vues d'Italie et
de divers autres pays. — Histoire de Russie, de Karamsin. —
Histoire de Venise, de Daru. — Histoire des Français, de Mon-
teil. — Histoire de France, de Lacretelle. — Histoire des Croi-
sades, de Michaud. — Œuvres de Louis XIV. — Histoire de
France, de Dangeau. — Histoire de France, de Mezerai. —
Victoires et Conquêtes des Français. — Histoire des Girondins,
de Lamartine. — Histoire ancienne et Histoire romaine, de
Rollin. — Histoire de la Révolution, du Consulat et de l'Empire,
par Thiers. — Procès de Louis XVI.—Œuvres de Napoléon III.
Histoire de la Restauration par Nettement.—Coutumier général,
1724. — Correspondance de Napoléon Ier. — Histoire des Papes.
— Biographie universelle et Biographie des Contemporains, de
1811 à 1820. — L'*Univers*. — Le *Contemporain*. — Le *Musée
des Familles*. — La *Mode*. — Biographies universelles, 1843 et
1852. — Encyclopédie des Gens du monde. — Dictionnaire de
Moréri. — Œuvres de Shakespeare. — Œuvres de Molière,
figures d'H. Vernet. — Les Mille et une Nuits. — Œuvres de
Buffon. — Œuvres de J.-J. Rousseau. — Théâtre des Grecs. —
Œuvres de Schiller. — Œuvres de Cooper. — Œuvres de Scribe.
Missel de Paris, 1764, reliure avec armoiries. — Autre de 1769.
— Œuvres d'Homère, figures de Marillier, 4 vol. in-4. — Histoire
de Paris, de Felibien. — Œuvres de Bossuet. — Œuvres de
Fénelon. — La Sainte Bible. — Œuvres de Châteaubriand. —
Histoire des Voyages, de Laharpe. — Œuvres de Tressan. —
Souvenirs de Créqui. — Mémoires de Richelieu, maréchal de
Saxe, Sully, Condé, Mme Du Deffand, Brissot, Barère, Masséna,
Joseph Napoléon, etc. Nombreux ouvrages de droit et de théologie.

LINGE

Quantité de Linge de Lit, de Table et de Ménage.

CUISINE

Importante Batterie de cuisine en cuivre.

CAVE

Environ **1,500 Bouteilles** de Vins fins et ordinaires de Bordeaux, Bourgogne et autres.